바로 그 어둠의 심연이었네

김겸 시집

바로 그 어둠의 심연이었네

달아실시선
95

달아실

보조 용언과 합성 명사의 띄어쓰기 등 본문의 맞춤법은 시인의 의도에 따른 것임.

시인의 말

아무도 동무하지 않는 마음의 조각들을 썼다. 그것의 됨됨이를 평한다면 어리석은 편에 있겠다. 평범함을 배경으로 하지 않는 돌올함은 없듯, 나를 통해 그대가 빛난다면 기꺼이 당신의 후경이 되어 주리라. 이 토막 난 구절들을 별 볼 일 없는 자리를 애써 감당한 상흔으로 여겨주면 고맙겠다.

2025년 8월

김겸

차례

바로 그 어둠의 심연이었네

시인의 말　5

1부. 멀리 있는 불빛

근기根氣　12
기원　14
일회용 슬픔　16
잔설　18
틈새　20
환생　22
고치　24
멀리 있는 불빛　26
산꿩　28
우로보로스　30
스카이트리　32
SOS　34
데자뷔　36
내가 나를 속이는 법　39

2부. 어김없이

대화	44
그의 계획	46
배반의 반지	48
결빙	50
너 괜찮아?	52
원죄	54
어김없이	56
회전목마	58
무슨 소용이겠어요	60
버스정류장에서	62
온 더 로드	64
생의 사체	66
보이는 라디오	67
일 인분의 고독	68

3부. 소라색 인상기

성냥개비처럼 70
당근 72
시간의 압화押花 73
소라색 인상기 75
바람길 78
폐로閉路 80
공인된 슬픔 82
아득한 소리 84
거울 속의 거울 86
이제 보이지 않으니 88
폭주 후회 90
약속 92
난수표 94
서울 가는 버스 96

4부. 이제 그만

난처難處	100
막간	102
울음	105
늦은 저녁	106
슬픔의 대가大家	108
이제 그만	110
위로	112
위성	114
중력장	116
망각	118
하오下午	120
봄	122
모래성	124
진면목	126

5부. 시소설

prayer	128

해설 _ 검기만 한 어둠 같은 것이 • 임지훈　139

1부

멀리 있는 불빛

근기根氣

어디든 바닥의 룰이라는 게 있다
약속이나 한 듯이 서서히 외곽으로 밀려나면서
한다는 건
멸시를 가장한 침묵을 애써 외면하는 것
알아서 기는 것
뒤돌아서 증오하는 것
버틸 때까지 버티어 보는 것

내 의지를 시험한다는 건
갈 때까지 가 보는 게 아니라
내 수치를 피학의 운명과 맞바꾸는 일
너도 벗으라는 요구에
알몸으로 기타를 치는

그의 비극*은
당신의 외면을 알면서도
알몸을 내미는
내 오욕과 맞닿아 있는 것을

몇 권 더 낼 거냐는 말이
부질없음을 가리킨다 해도
당신의 조롱이 나의 그 몇 권을
다 가리지는 못하리
당신의 존귀가 어디서 왔는지 몰라도
내 비루는 반백년이 빚은
바닥의 힘인데 말이지

* 영화 〈와이키키 브라더스〉(임순례, 2001)의 한 장면

기원

저 초록이 어디서 왔나 했더니
캄캄한 땅속에서 온 것이라

저 힘세고 억센 아이가 어디서 왔나 했더니
수십억만 년 핏줄을 타고 온 것이라

저 초록이 스스로를 틔운 것이 아니듯
저 새파란 아이도 내가 지은 것이 아니리

세상의 모든 것은 어디로부터 와서
어디론가 떠나가는데

그걸 알면 저 초록은 초록이 아닌 듯하고
난 내가 아닌 것 같은데

모든 것은 다리와 같은 것이어서
저쪽의 것이기도 이쪽의 것이기도 하네

저 초록이 어디서 왔나 했더니

캄캄한 땅의 부름으로
어제를 오늘로 오늘을 내일로
잇는 푸른 정령이네

그러니 저렇게 크게 부풀고 꺼지며
온몸으로 숨 쉬는 것이리

내가 저 힘세고 억센 것을 껴안고
어제와 내일 사이에 버티고 있듯이

일회용 슬픔

나는 그래야 한다
오래 지니고 있어선 안 된다
한쪽 눈으로는 울고
다른 한쪽 눈으로는 웃고 있어야 한다

적어도 내 슬픔을 비웃을 다른
시선 하나쯤 있어야 한다

일회용이어야 한다
즉시 재생되어야 한다
얼른 주먹으로 눈자위 한 번 닦아내고
먹구름처럼 피어오르는 슬픔을
정면으로 볼 수 있어야 한다

링 옆을 빙빙 돌며
한 대 칠 용기도 없이
내가 괜히 이 짓을 하나
생각해선 안 된다
슬픈 노래를 부르는 가수는

결코 슬픔에 지지 않는다

슬픔이 나를 탕진할 수
없도록
떼로 달라붙는 슬픔을
한 장 한 장 떼어내고
뒤돌아서 다시 웃는

나는야, 일회용 전사

잔설

버티는 것이 있다
이미 형세는 기울었지만
끝까지 남으려는 것이 있다

산기슭에 잔설이 있다
이미 겨울은 아니지만
마지막까지 자신의 시간이
다 가지 않았음을
증명하는 것이 있다

시간은 가고 오는 것이지만
철 지난 시간 아무도
애도하지 않을 때

꽃 소식 분분한 세상 등 뒤에서
아직 새것의 때가
당도하지 않았음을
숨어
드러내는 것이 있다

한 치도 저절로 열리는 것은
없음을 혼신으로 내보이는
하얀 파르티잔

설국雪國 최후의 백성들

틈새

여린 새싹이거나 꼬물대는 강아지이거나
이제 막 실눈을 뜬 초승달

차곡차곡 쌓이는 초침처럼
낱낱이 기록되는 죄악의 나날들
어김없이 내리꽂히는 피의 첫값
그리하여 내 희망은 항상 비극의 종자가 되었네

누구에게나 무엇에게나 있었을 새것의 한때
그 시절 율법은 인자했으나
낡아갈수록 그 약속은
무자비한 형벌로
변해가더군

더 내놓을 것이 없으니
악순환의 고리에 얹어
그 가속도의 힘으로 형벌을 조율하며
죽나 안 죽나 시험하지

그리하여 내 삶은 신의 방백이었거나
이를 강요한 벙어리의 그것이었네

이 피조물의 피의 향연
벌어진 상처처럼
이생을 부조리로 인식할 수 있게
하는 쓰라린 틈새
그것만이 내가 바치는 기도의 제물이었네

환생

멀리 바닷속으로 잠기어 가는
산을 바라본다
저 우랄산맥으로부터
알타이산맥 넘어
고비사막 지나
백두대간 타고 내려와
겨우 바다에 잠기어 가는
소리 죽은 산의 머리
자꾸자꾸 처박히며
거품 물고 들어간다

매운 눈보라에 얼음에
이끼 이불 덮고
날리는 따가운 모래바람 등지고
불탄 자리 덴 자리
헐벗은 자리 다 지나
이제 물속으로 수장되는
짐승의 최후

저 바다는 영면일까
또 다른 생의 시작일까

바다로 다시 이어지는
수중의 생
이제 새 아닌 물고기들의
땅이 되어 나무와 풀 대신
무성한 물풀 키우며
아무것도 없는
깊은 해저의 어둠 속으로
빠져든다

그렇게 칠흑 물속을
걷고 또 걸어
다시 저 멀리 물빛
밝아지면 또 다른
뭍것의 생으로
하얗고 맑은 모래밭으로
태어나겠다

고치

봄이 왔다 싶은 어느 날
내가 어디서 왔는지 묻는다

다시 시작이구나 하는 막막함
나무의 한해살이가 그렇듯
겨우내 굳었던 마음 다시 펴기
쉽지 않은데

고치 속에 웅크리고 살던
지난 겨울의 골방 속으로
되돌아가고 싶어질 때
나는 어느 고치에서 왔나 묻는다

소가 씹어 삼킨 풀들
소가 소화시키는 것 아니라 소의 위 속
미생물들이 분해하는 것이듯
그런 보이지 않는 공생이 나를 여기
지구별에 보냈으니

한 고치 속에서 태어난
피붙이들 헐벗은 대지 위에서
서로 먹고 먹히고 내놓고 거두며 산다

보드랍게 태어난 잎사귀
피고 지어 산의 뭇 생명을
키우듯
나의 또 다른 시작은
공생의 대지에서 돋아난
환대와 증여의 산물

봄이 왔다 싶은 어느 날
내게 모든 것 내어주고
간절히 웃음 짓는 내 누이가
저기 있다

멀리 있는 불빛

아른거리며 흔들리는 항구의 불빛들은
저마다
나 여기 살아 있다는
우리 이렇게 모여 있다는
기척들

바람은 성을 내며 파도를
밀어 올리고
나는 저 닿을 수 없는
멀리 있는 불빛들을 바라보네

살아 있어 머물러 있는 것들
머물러 있어 불 밝힌 것들
불 밝힘으로 모여 있는 것들
모여 있어 타오르는 것들

나 홀로 서 있는 여기의
불빛은
저 건너편에서는 다시 닿을 수 없는

그리움이겠다 싶어
살아 있는 것들의 고단함이
서로에게 등대가 되는 것을
보네

아득하여 그리운 것
닿을 수 없어 눈물짓는 것
비추고 되비추니
아, 산다는 것
빛난다는 것의
의미가 이런 것이라 하네

산꿩

 병들어 죽은 닭만 먹는 식구들 위해 올랐네. 야산은 내린 눈 녹지 않은 채 얼어 있었네. 지푸라기 냄새 섞인 바람 옷섶을 파고들었네. 나는 돌멩이를 장전한 장난감 공기총 들고 눈 속을 헤맸네.

 사이나*를 먹고 힘없이 널브러져 있는 산비둘기나 꿩이 아니라 살아 푸드덕거리는 것을 잡아 아버지 앞에 드리고 싶었네. 살아 있는 날것의 싱싱함을 전하면 잿빛 연기 힘없이 피어오르는 그의 처진 어깨도 화락 펴질 것 같았네.

 숨을 멈추고 딱! 총신을 빠져나온 돌멩이 포물선 그리며 녀석에겐 미치지도 못한 채 힘없이 떨어졌네. 해 지는 줄도 모르고 헤매다 보니 꿩은 온데간데없고 난 지푸라기처럼 쓸쓸해졌네. 맹렬하게 몰려드는 허기에 비틀거리며 엄습해 오는 어둠 피해 미친 듯 산 아래로 발 옮겼네. 저 아래 집에서는 또 죽은 닭을 삶는지 굴뚝에서 흰 연기 맥없이 피어오르고 있었네.

 둥글게 모여 앉아 병들어 죽은 닭 끓인 백숙 퍼먹으면

서도 나는 돌멩이 맞고 기절한 꿩의 날갯죽지 호기롭게 움켜잡고, 이골 난 엽사처럼 아버지 앞에 야생의 생기 내밀고 싶었네. 그러나 공기총은 꿩 아닌 다른 곳 향했는지 훗날 아버지는 난데없는 바람風을 맞고 전봇대처럼 쓰러졌네.

 병들어 죽은 닭 먹고 먹은 자식들 무럭무럭 자라 이제 모두 하나씩 하나씩 병들어 가네. 돌멩이 넣은 공기총 들고 야산 헤매던 막내는 육십 줄에 들어선 손위 형제들 보며 닭들의 아우슈비츠, 양계장집의 질 낮은 유전자를 목도하네.

 눈 덮힌 산속에서 푸드덕 푸드덕 깃을 치는 꿩 한 마리 잡고 싶네. 아픈 누이, 이제 살았다 이 말만 들을 수 있다면 그녀의 몸속에 들어가 꿩, 꿩, 꿩, 검은 골짜기 쩌렁쩌렁 울리며 돌멩이처럼 들어박힌 검은 육종, 부리 바스러지며 쪼아대는 푸른 산꿩 한 마리 되겠네.

* 노란 메주콩에 구멍을 내어 청산가리를 집어넣어 만든 사냥을 위한 먹잇감.

우로보로스*

기차가 도시를 가르며 지나가요
그런 적이 있었지요
한낮의 뜨거운 정적 아래로
연기를 뿜으며 강을 건너던

이제 기차는 강 밑 깊은 땅속으로 지나가요
그러다가 다시 어딘지도 모를 구멍으로 솟아나서
연기도 없이 산을 관통하고
아무 일도 아닌 듯 사라져 가지요

예전엔 여긴 숨어 있기 좋은 민박집 같은 곳이었어요
해변엔 오징어들이 날아와
젖은 몸을 말렸고
강물은 반짝거리며 눈부시게 타올랐지요

여기에 버려진 내가 참으로 다행이었어요
지구 안의 또다른 행성 같은 여기가
나를 죽지 않도록 거두어 주었어요

정신병원 같은 흰 건물들에서

늦가을 옥수숫대처럼 에부수수 말라가던 시간
소풍날 혼자 김밥 먹던 외톨이는
여기서 아무것도 아니었어요

크기만 다를 뿐 늘 같은 모양의 몸속이니까요
지금도 그 시간의 깊은 속
그 무한한 몸통의 궁극이 그리울 때면

구름이 있고 바다가 있고
강이 있고 기차가 있고
저 짐승 같은 산 너머 그리워할 것이 있었던
그 시절

기차가 도시를 가르고 지나가던
한낮의 풍경이 있었어요
그때는 그리운 것이 모두 과거처럼
살아 있던 때였지요

---

* 우로보로스(Ouroboros): 그리스 신화에 등장하는 동물로서 자신의 꼬리를 먹는 동시에 재생하는 것을 끝없이 반복하는 뱀.

스카이트리

높은 나무와는 다르지
우람하지 않고 불안하게
고고하지 않고 외롭게
굳세지 않고 허약하게

높이 선 키만큼의
팔을 내밀고
있는 저 외진 철탑

부려놓은 것들이 쌓일수록
작아지는 너

긴 연휴에 너는
우뚝 멈춰
내내 벌받듯 허공을 향해
총신을 겨누듯 서 있었지

가없는 하늘
등에 드리운

너의 한 시절

너의 몸체도 땅의 것
네가 나르는 쇠와 돌가루들도
모두 땅의 것

쌓고 세워 올리는 인간의 욕망이
너를 몰아세우는구나*

네게로 연장**된

높이에의 강요

네 팔에 매달린 천 근의
균형추처럼 불안하게 흔들리는
지상의 물생들

* 몰아세움(Gestell).
** 엑스텐시오(extensio).

SOS

밑동 잘린 벼들은
해독 불가능한 난수표

미로의 끝을 알면서도
굳이 헤매 도는 나는
피드백되지 않는
조난신호를 급히 타전한다

논바닥 벼 밑동마다 새로 돋은 이파리들은
아직도 가을이 왔음을 모르는
생육의 본능을 시전示展하고

밑동만 남은 내 마음속에
욕지거리처럼 돋아나는
체념의 불씨
가을 들녘에 불을 놓는다

그 불길이 난수표 사이를 돌아 새길
내 생의 크롭 서클Crop Circle

누구에게도 해독되지 않을
조난신호

데자뷰

유리문 손잡이는
붉은 녹이 슨 체인을
친친 감은 채
굵은 자물쇠까지 매달고 있다

해변 여름파출소
텅 빈 사무실 안에는
부서진 합판들이
잿빛 먼지를 뒤집어쓰고 누워 있다

작렬하는 태양과
옥타브 높은 환호성이
가득했을 뜨거운 해변
여름파출소는 문을 활짝 열어 놓고
기쁨으로 달뜬 바다를 마음껏
품에 안았을 테지

찬바람 선득선득한
늦겨울 어느 날

인적 드문 해변을 걷다가
나는 들여다본다

칠팔 월 여름 한 철을 위해
저렇게 버려진 채
스스로를 가두고 있는
너의 텅 빈 가슴속을

아무도 찾아오지 않는
곳에서
쇠사슬로 포박당한 채
수인으로 버티고 있는
너의 뼈아픈 혼을

푸르던 날들
먼 곳에 버려두고
이 황량한 한 시절
북어처럼 말라가는 내가
휑한 사무실 한구석에

서 있다

목이라도 매달면 딱 좋을
그곳에서 우두커니
우두커니 그렇게
서 있다

환한 것 다 내어주고
폐허로 남은 한 사내

이미 오래전 보았던
아주 낯익은 장면이다

내가 나를 속이는 법

간절하지 않아도 살 수 있다면
때가 되면 고픈 배처럼
그대로 저절로 되는 일이 있다면

심으면 돋아나고 피어나는 화초들처럼
(아니 아니 잘못했어요)
저들도 매 순간 살아내기 위해
애쓰고 있다는 것을 모르지 않으니
물관으로 힘껏
마른 대지의 젖을 빨아올리고
잎사귀 틔우고 꽃 피우고
마침내 열매 맺는다는 것을

그대로 지천으로 널린 세상의 웃음이
나에게만 결사적으로 필연적으로
피해 가는 봄날

모순이 강요되고
포기가 조장되고

그럼에도 의지가 장착되는
비명 같은 찬란한 봄날

잎사귀보다 꽃부터 피워내는
벚나무처럼
나도 한때는 작고 뽀얀 얼굴의
막내였으나

이제는 백신처럼 지켜내야 할
항상 그 자리에 있는
새하얀 너를 위해
저절로가 아닌
간절함으로
주린 배를 주린 줄 모르게
벨트로 꼭꼭 옥죈다

내가 나를 속이게
없는 뱃심이라도 나오도록
그렇게 죄고 죄다 보면

메마른 몸뚱이 어디선가 벚꽃 몇 송이
툭두둑 돋아나올지도

2부

어김없이

대화

너는 내가 듣고 싶은 말만
하지 않지
내가 파랗든 네가 노랗든

나는 네가 듣고 싶은 말만
하지 않지
네가 무성하든 내가 헐벗든

슬며시 꺼내놓은 내 비극은
단번에 희극이 되고
네가 가진 슬픔은
누구나 가진 일상이 되지

우린 만났으되 만나지 못하고
영영 헤어지지 못할
사람처럼 또 다음을 기약하네

각자의 흡음판을 달고
각자의 진공 속에서

너와 나 사이를 왁자지껄
가득 채운
저 컴컴한 텅 빔

그의 계획

그는 이미 알고 있었다
이따위를 쓰고 있는 지금까지도

사는 일은 거기서 거기가 아니야
그런 평균율이 기만이지

진심은 배반을
고백은 환멸을
이를 겪는 각자의 배역이 있어

그런
참담의 먹구름이
몰려들던 어느 날,
닫힌 마음 저편에서
실바람처럼 새어 들어온
다 지난 일이었구나, 하는 생각

눈물도 비명도 비루한 웃음도
악몽이 이 몸을 빌려 다시 사는구나

다 계획이 있구나*

처맞으면서도
발작을 하다가도
마침내 실실
웃을 수 있는 것 말이야

너도 헛것이고
나도 헛것임을
알기 때문

독기 어린 눈으로
보지 마
내가 악몽 다 꿈꾸고
잘 달랠게
다음엔 누군가
순한 꿈 꾸라고

* 영화 〈기생충〉(봉준호, 2019)의 대사.

배반의 반지

무슨 트로트 제목 같군

퉁퉁 부어 있는 손가락
오래 낀 은실반지를 빼려다 일어난 사달
로션을 비누를 기름을 발라보고
실을 감아도 보았지만
굵은 손마디에 걸려 끝내 나오지 않은 반지

결국
툭, 끊어낼 수밖에 없었던 반지

정든 반지를 버렸다는 아쉬움보다
고통에서 벗어났다는 홀가분함

이렇게 끊어내지 못한 것들
안 빠지는 반지에서 벗어나기 위해
손가락을 잘라버릴 수 없듯
꼬여버린 이번 생도 이미
뺄 수 없는 반지

욱신거리는 통증으로 남은
반지의 흔적
작은 철사 조각처럼 버려진
저 배반의 반지

이따금 환상통처럼 찾아오는
너라는 반지
오래전 끊어낸 인연의
성난 얼굴

결빙

얼어붙은 호수는 입을 닫아걸었다

호수 저편 무성한 갈대숲 속엔
굶주린 새들이 돌멩이처럼 굳어 있을 것

먼 데 이글거리는 불빛은 캄캄한 어둠 속에서
스스로를 태우고
무심한 침묵을 증거한다

패배를 안고 찾아온 겨울 호수
나눌 수 없는 마음은
연민도 되지 못하였다

창틀을 스치는 칼바람이
그만해, 그만해, 불려가고
호수 저편에서
치욕이, 치욕이, 외기러기 한 마리
내 입을 대신한다

두드려도 열리지 않는
저 두터운 얼음장 속
천 길 시린 물속의
너

너 괜찮아?

가을바람이 나를 힐난한다
괜찮아?

사람들을 만나기 전 머리를 깎는다
아무렇지 않은 듯
사람들은 멀끔한 나를 보고 잘
지내는 줄 안다
다행이다

눈부신 햇살이 나를 조롱한다
너 괜찮아?
그렇게 꽁꽁 싸매고 괜찮아?

집에 들어가기 전 숨을 고른다
아무렇지 않은 듯
식구는 차분한 나를 보며 잘
지냈는 줄 안다
다행이다

캄캄한 밤하늘이 나를
대신 울어준다 툭툭
떨어지는 빗방울이 말한다
다 괜찮아
다 그러고도 괜찮아

빗줄기가 세차다
저기 어둠 속에서
식구가 찬비처럼 운다

원죄

내 죄가 나를 여기까지 이끌었다

뱀 머리 쳐들고 아무리 꺼떡거려도
원죄의 발에 밟히고
음모의 수풀 속을 헐떡이며
탕진한 죄
끝없는 무위의 사슬로 영원히 가두었다

발기한 모든 것은 외롭다
저 공중에 매달린 첨탑이 그렇고
사철 서 있는 잔가시 나무들이 그렇고
우뚝 솟아 눈비 맞는 깎아지른 봉우리가 그렇고
서 있는 사람이 그렇고
내 안에 서 있는 천치 같은 것이 그렇다

태어난 순간 시작되는 죄의 나날
치이고 부러지고 터지고 갈라지고 무너진
곳곳에 숨은 불가지不可知들

저 편재하는 공의公義
저 빼곡히 들어찬 아우성들
제발 나를 봐주세요

자신을 애도하는 뱀

어김없이

방울방울 매달려 있었다
그 자리는 저것이 매달려
있을 데가 아니었다
영락없는 눈물의 그것

기억이란 무서운 것이었다
상처란 아무는 게 아니었다
어김없이 마침내
스미어 나오는 것

뼈마디 사이로 비집고 나오는 것
남들은 다 잊었다 해도
자신만은 꾹꾹 감추어 왔던 것

하느님도 모를
외진 곳에서 물사마귀처럼
아롱지듯 맺힌
송진 방울

견디다와 견딜 수 없음의
뼈아픈 경계
상처의 끓는점

회전목마

말이 겉돌고
사소한 말로도
머릿속은 금세 헝클어진다

마음이 식고
무덤덤한 손길에도
마음을 걸어 잠근다

사랑은 시간이 증명하지 못하지
어제 만난 인연에 목숨을 거는 법
회전목마처럼 나타났다 사라지는
환등상

웃어 봐
풍선처럼, 솜사탕처럼
손을 흔들며
환호성을 지르며

넝마주이 같은

추억팔이가 되어
시간을 기만하지

이제 그만둬
이제부터 모든 것은
인내일 뿐
이해, 헌신, 희생
이런 것이 사랑이라면
이젠 허무를 견디는 일기

어디에 있니
그때의 나
그때의 너

저기
봉을 꼭 쥐고
오색의 전등 사이로
울며 지나가는

무슨 소용이겠어요

남루에 대해 생각합니다
내 누추를 보일 수 없으니
다만 철없어 보이나요

세상은 어딜 가도 수렁이더이다
잊으려 할 뿐, 보지 않으려 할 뿐
저 멀리, 아니 가까이
병마와 싸우는 피붙이 있는데
지금 내가 살아 있다는 건
무슨 기적인가요
생각해 보면 나는 벌써
사라졌어야 할 비루한 자입니다

무슨 소용이겠어요
지붕에 빗방울들이
요란하게 떨어집니다

아무도 그리워하지 않으렵니다
고통이 전해질까 두렵습니까
신마저 두렵지요

자기애 속에서 자기를 뜯어먹고 사는
아둔한 늙은 소년
자라지 못했어요
성숙한 남자의 장르가 되지 못했어요

무슨 소용이겠어요
징징거림, 중얼거림, 머뭇거림
뒤에 밀린 숙제처럼
기억이나 더듬는 나는야
추억팔이

소멸에 대해 생각합니다
내 곤곤함에 대해 말할 수 없으니
다만 잘 사는 것처럼 보이나요

아무도 없는 이 새벽
지붕에 떨어지는 빗방울들이 고함을 칩니다
시간이 아까워 잠을 털어냅니다
쓰러지지 않으려 안간힘 씁니다

버스정류장에서

이렇게 소리 없이 만신창이가 되어 왔다
하루도 마음의 전쟁이 아닌 날이 없어
자주 잊고 있었으나
평온할 수 없는 나의 일기日氣,
네가 알까

가끔은 허리 끊어진 절지동물처럼 버둥거렸고
또 가끔은 주린 배가 배반처럼 찾아왔고
또 아주 가끔은 기적처럼 갈라진 얼굴 틈새로
배어 나오는 비루한 눈물이 있었으니
돌보지 않는 네 허름한 자리는
오래 기억나지 않았다

이렇게 여기 다시 네 온기를 느끼면
불어오는 바람에도
내 등재되지 못한 변방의 세월이,
청춘의 무덤이 아득하게 펼쳐지는 것을

무시로 마른 먼지 피우며 다가왔다 떠나가는

버스는 사람들을 부려놓고 또 실어 가고
내 타야 할 버스는 오지 않아도 좋다

자주 잊고 있었다
네 그늘진 자리
무너진 마음으로 다시 찾아올 때마다
핏줄처럼 당겨 앉히는,
줄공책처럼 길게 누운
너
막차 같은 나를 받아 적는
시詩 같은
너

온 더 로드

시골의 작은 지방도에도
서울을 가리키는 이정표가 나오지
마치 서울이 지척에 있는 것처럼
가도 가도 오늘 중에 닿기도 어려운 곳을

사기인지 음모인지 함정인지 모를
저 이정표
가면 뭐가 곧 나올 것 같이 유혹하는
저 손짓

저 이정표가
마음을 달뜨게 해도
나는요, 먼 길 위를 떠돌랍니다

시골의 지방도에서도 서울 교통상황을
들어야만 하는 공화국
비상구라도 되는 양 화살표가 가리켜도
즐거운 소돔엔 안 갈랍니다
열 명의 의인도 없다는 그곳엔

나는요, 버티는 곳이 곧
길이며 장소인 자입니다

온 더 로드, 마이 라이프

생의 사체

잿빛 먼지를 들쓰고 누워 있는
길가의 눈더미
처음엔 로드킬 당한 짐승의
사체인 줄 알았다네

저 단단하게 굳은
시커먼 눈더미도 처음엔
탐스럽게 내리는 하얀 눈송이였을 테지

사람들은 눈을 맞으며 환호작약했을 테고
골목길 어귀에선 내리는 눈송이 사이로
연인들은 입술을 포개었을 테지

이젠 더 이상 눈도 얼음도 아닌 채
흉물처럼 오물처럼 굳어버렸네

주위에 흥건한 물기는 진물인 듯 흐르고
차들이 지나칠 때마다
튀는 검은 물

버티고 버티다 마침내 유기된 생의 사체

보이는 라디오

얼마나 굴욕적이었을까
매체의 본질을 근원적으로 강탈하는
이 짓은

라디오를 보이게 한다고?
디제이가 무엇을 하는지
꼼짝 못 하게 낱낱이

저 아득한 미지의 어딘가에서
전파를 타고 여기까지
당도하는 소리가 아니다

들여다보겠다는 것
숨김 없이
노골적으로 까발려 보겠다는 것

우리를 밤낮으로 구석구석
노략하는
자본주의와 같은

이 비참한 포르노

일 인분의 고독

너는 내게 저녁에 어떠냐고 했다
나는 집에 가야 한다고 했다
너는 내게 주말엔 뭐 하냐고 했다
나는 집에 있어야 한다고 했다
너는 내게 왜 그렇게 사냐고 했다
나는 네가 알 바가 아니라고 했다
너는 내게 그러고도 살아지냐고 했다
나는 이렇게 산 지가 오래라고 했다
너는 내게 안됐다고 했다
나는 일이 있을 땐 나가기도 한다고 했다
너는 내게 내가 한번 보자는 건 일이 아니냐고 했다
나는 아닌 건 아니라고 했다

사적인 모든 것은 머리와 성기만이 알고 있는
내 일 인분의 고독

나와 내가 싸우며 뒹구는
가족도 모르는 나의 깊고 캄캄한

3부

소라색 인상기

성냥개비처럼

내 고통을 내가 본다
내 목마름과 내 죄악이
띠를 이루어
나를 기만한 적이 몇 번?

덧난 상처에 소금을 뿌리고
불타는 마음에 시너를 부으니
아, 내가 디딘 자리마다
불탄 폐허를 내가 보고
다시 쓰는 속죄의 시

내 비루를 깊이 깊이 들여다보면
그 근본이 확연히 드러나
사는 게 기적임을 알겠다

저게 인간 구실하겠나,
나를 보고 버릇처럼 말했던
아버지의 책망처럼
보이지 않는다 믿는
죄악을 저지르며

그때마다 시큼하게 고여든
수치를 파먹는다

발정난 고양이처럼
스며드는 오욕이 내게 말한다

근본 없는 놈

인간 구실 하느라 애썼다
비천을 가리느라 고생했다

내 슬픔을 내가
나뭇결 매만지듯 더듬어보면
거기 저 깊은 뿌리에
약하고 외롭고 비굴한
내가 슬픔의 황을 머리에 뭉쳐
안은 채 누워 있다

그으면 화락 불붙어 스러질
작고 가냘픈 성냥개비처럼

당근

 오래 넣어 두었다 흙도 떨어지지 않은 그 붉고 길쭉한 것이 비닐 속에 담겨 이리 뒹굴 저리 뒹굴 방치되어 있었다 하지만 언젠가 용도는 있는 법 그걸 볶으려 꺼내 놓았다

 머리를 잘라내려는 순간, 싹이 돋아 있는 것을 보았다 아, 저것은 속절없이 냉장고 속으로 붙잡혀 들어왔지만 먹히기 전까지 살아 있었던 거구나 먹히기 위해 하릴없이 누워 있던 것이 아니었구나

 끊어낼 수 없는 모진 생명 살아 있음에의 형벌 뿌리뽑혀 왔어도 종일토록 한기에 떨었어도 잠시도 포기하지 않았던 본능

 닮아 있었다 불현듯 치미는 부아 당근의 머리를 댕강 잘라내 버렸다

시간의 압화押花

환멸이 나를 불러 세울 때
시간은 미친 듯 거꾸로 흐르지
기억의 화석이 묻힌 캄캄한 지층으로

거기엔 우울한 소년,
우산도 없이 비 맞으며 걷던
외톨이가,
쿰쿰한 냄새나는
담뱃불 자국 눌러붙은 모노륨 장판 위에
비웃음처럼 돌덩이처럼 붙어 있는지라

저 절망 끝에
나를 부르며 너울대던 그 음성이
이제 이 세상 몸짓 아닌 곳으로
멀어지네

나는 내가 아닌 감정으로 나를 바꿔 끼우며
사랑을 빌러 다니네
들려오지 않는 노래의 후렴구는

이제 끝내야 할 시간의 무덤

수치가 도망가는 나를
어이, 어이, 아는 체하며
불러 세울 때
변하지 않은 시간의 압화가
시큼한 회억으로
나를 깨우네

소라색 인상기

햇빛이었다
뒤란을 흐릿하게 가득 채운 햇살
그 너머 아득하게 펼쳐진
엷은 푸른빛

양수 같은 욕조에 몸 담그고
빼꼼 열려 있는 문틈으로 보았네
수십 년 전 유년의 하늘빛
어머니가 소라색空ら色이라 부르던 그 하늘

오래된 온천장에 와서
계단조심이라는 경고에도
으레 그렇듯 정강이를 찍고
피 배어 나오는 얼얼한 다리
쥐고 탕에 쪼그려 앉았는데
과거로 오버랩된 영화 장면처럼
까닭없이 쉬 서럽던 어릴 적
풍경이 펼쳐지는 거라

깨진 정강이만큼
아프게 가슴 밑바닥으로부터
밀고 올라오는
허기진 생의 본적

그것은 옴나위없는
시련과 근심과 가난의
뒤란에 배경음처럼 깔리는 생의 멜랑콜리

더 이상 아프다 할 수 없는
물속에 담근 정강이의
뭉근한 얼얼함과 같은

대포알 소주병을
매일 자빠뜨리는 독한 오회의
사자 같은 아버지
하루 종일 밭 가운데 묻혀
등 굽은 여일如一의

낙타 같은 어머니
그 사이에서 어린아이일 수 없었던
나는 그들의 한숨과 멀미를
몸에 새겼네

그렇게 완성된 인상파 회화
온천장 문틈으로 보이는,
끊임없이 현재로 회귀하여
나를 가로막고 위로하고 길들이는
저 풍경

소라색
바다로 난 막막한 하늘가

바람길

광풍이 몰아치던 다음날
맑고 차고 고요하네
살랑살랑 흔들리는 나뭇잎
초겨울 햇살에 마른 몸 부비고

병든 엄마 곁에서도
아무렇지도 않았던 나
마른 잎사귀처럼 여위어가는
병든 누이를 생각하네
그녀가 없을 시간 떠올려보네

저 흔들리는 나뭇잎에 부는
바람도 저 멀고 먼
고비사막과 만주 벌판과 서해를
건너
예까지 왔을 터인데

아득한 바람길처럼
또 어디론가 불려갈 아픈 인연의 자국들

남은 날은, 남은 날은
이제 아프지 않을,
오늘 네가 정녕 나와 함께 낙원에 들어가게 될 것이다*,

예언 속에 머물까

보이지 않는 바람길만이
손짓하는 저기 아득한 저 끝에서

* 루카 복음서 23: 43에서 인용.

폐로閉路

간절한 기대가 익숙하게 사라질 때면
생각하네
슬픈 노래가 슬픔으로 끝나지 않는 것처럼
한 번쯤 해피엔딩이었으면 하는데

범접할 수 없는 당신들의 왕국
신비한 은유의 성체
그 수사학의 맛, 한번 보면
내 바닥이 보이고
드디어 낡은 나를 밀어낼 수 있으련만

빠져나갈 길 없는 폐로의 오후
바람 한 점 없이 졸리운 햇살만이
소리 없이

이제 저녁이 오고
항용 저급한 감상만이 구원처럼 감싸네

이 저녁을 찢어야 하는데

어느새 땅거미는 진부하게 내게 내려와
그 안에 버릇처럼
주저앉네

공인된 슬픔

타인의 슬픔은 늘 견주어지지
그의 것이 큰가 내 것이 큰가
그 아픔이 와락 안겨 와
왈칵 울음이 터진 거라
곁에 있는 이가 말한다
자기 연민일 뿐이야
과소평가된 내 슬픔이 버려진 채
히죽 웃는다

누구나 슬퍼하는 슬픔이 있다
함께 손잡고 공감하고 위로한다
미학적으로 가공된 슬픔도 있다
함께 감동하고 낭독하고 찬탄한다
저렇게 나누어지지 못하는 내 마음은
말하지 못해 홀로 시들고
불행을 발설하는 순간
이미 얘기한 상투가 된다

저 산협에 깃든 슬픔도

고유에서 보편으로 나아가
우정 어린 화음으로 울려 퍼진다
아름답고 고고한 슬픔은 어디나 있어
상처는 모두의 것이되
말하지 못한 내 사랑은*

공인되지 못한 채
어느 바람 센 바닷가
허름한 민박집에서
소리 없이 목을 매단다

* 「말하지 못한 내 사랑」(김광석, 1993)에서 인용.

아득한 소리

집 옆 허공으로 난
고속도로에서 늦은 밤
들려오는 질주의 소리

쌔에에에엑도 아니고
쒀아아악악도 아니고
촤아아아아도 아닌
가늘고 길고 차고 가파른 소리

쏜살같은 소리
관통해 가는 소리
저 소리 끝을
마음으로 따라가다 보면
그리움에 가닿을 것 같고
간절함에 다다를 것도 같은데

어딘가를 향한
곧고 환한 마음은
그 소리만으로도

아프고 아득하다

작은 시골집 다락방에서
질주의 소리로
너를 그리는 시간

거울 속의 거울

납작하게 서 있는 시간의 환영

하루에도 몇 번씩 마주치는
주름진 초로의 사내

시간의 부력을 타고 떠오른
아주 먼 이야기

유전자 확인하듯
이글이글 겹쳐지는 동자부처

낯익어 외려 섬뜩한
놀라서 외려 먹먹한
그러다
이내 그리워지는 뼈아픈
얼굴

투명한 벽
닿을 수 없는

허공의 도화지

엄마가
누이와 형아 아래
접고 접어

마침내 내가
펴 보는
아, 눈물겨운
데칼코마니

이제 보이지 않으니

꼬물꼬물 영嶺을 타넘는
자동차의 불빛 이제 보이지 않는다

스무 해가 넘도록 그리움을
대신하던 내 글썽임들

이제 불빛 한 점 없는 칠흑으로 들어왔으니
내 그리움은 대신할 것 없구나

어둠에 묻고 어둠을 들어야 하는
시간 당도하였다

치욕을 살았으므로
그 근본이라는 것이

나를 숨죽이게 하고
때론 숨어들게 하였으니

내가 가진 그리움이란

차라리 없는 것

도망치듯 떠나온 서西도
그렇게 당도한 동東도

그리움을 위하여 허상을
상정하였구나

가소롭고도 가증스러운,
자문자답의 계교

생이여,
내가 너를 존중하지 않았으니
너도 나를 살피지 말아라

폭주 후회

내 비루함이 마침내
추악을 만들 때
오래 곁에 있던 것이
속씨처럼 다가오네

의식 잃고 누워 있던
응급실에서
눈 뜨자마자 눈에 들어온
나의 가장 나아종 지닌* 이

내 비루를 훤히 알고
내 비천을 굽어보는 이
저 위에도 있거늘
欲慾에 끌려 비틀비틀
걷고 걷던 날들이 며칠

감당할 수 없는 일들
곁에는 항시 나는 없고
피와 살로 이어진 이들

어느덧 달려와 있었으니

나 이제
속된 마음의 문 닫고
내 본디 지닌
비탈지고 음울한 곳으로
다시 내려가려 하네

치욕이 수치가 가리킨
곳은
바로 그 어둠의 심연이었네
그 안에서 건져 올리는 먹물 같은
뉘우침

* 「눈물」(김현승, 1957)에서 인용.

약속

해결될 것 같지 않던
격렬한 끓는점 지나고
이틀 남짓 자분자분한 시간
가네

봄비 내리는 날
골방에 틀어박혀 내 불안의 속내
들여다보네

거기엔 당장이라도 문 벌컥 열고
내 이럴 줄 알았어,
분노를 내뿜는 또 다른 내가
도사리고 있네

고통과 오래 사귄 나는
그를 영접하며
사과하고 뉘우치고 달래며 비네

이렇게 찾아와 주어 고맙네

난 네가 없으면 더 괴로워
그러니, 그러니
우리 잠시라도 떨어져 있지 말자고

저 국수발처럼 떨어지는
수천 가닥의 봄비에
새끼손가락 걸어 애원하며
약속하네

난수표

이 시간을 놓아버리면
영영 되찾을 수 없을 거 같아
잃었잖아 작년 늦가을
추적추적 비 내리던 날
아픈 몸 버리고
기립해 가던 누이의 영靈

겨울이 오고 해가 접히고
다시 해가 펼치고
겨울도 지나 하나 둘 꽃 피면
슬픔이 엷어져 영영
온데간데없이
사라질 거 같아
새끼손가락 걸어두고
멀리 가지 못하게
슬픔을 붙잡아 둔다

부서져 흩어진 기억들
손에 쥐고

아무에게도 들키지 않게
난수표처럼
모진 고문에도 해독되지 않는
비밀처럼

서울 가는 버스

지금도 주문진 시외버스터미널에 가면 있어요
버스가 드나드는 곳에 세워진 아치에
커다란 글씨로 쓰여 있어요
서울 가는 버스

관광객들에겐 집으로 돌아가는 버스
여기 사는 사람들 중 누군가에게는
대처로 가는 버스
공부하러 가는 버스
돈 벌러 가는 버스
큰 병원 가는 버스
출세하러 가는 버스
아니 아니 천국 가는 버스
나의 후미진 젊은 날
한 가지 소망이 있었다면
저 버스를 타고 영嶺을 넘는 것

내 몸 어딘가 바다 내음이
스며 있어
아프고 고단한 서울살이 중에도

그리웠어요
논밭을 지나
듬성듬성 낮은 집들 지나
바닷가로 향하는 외진 길이,
숨어 있던 비릿한 청춘의 외전外傳이

서울 가는 버스
나는 저것을 타고 가
부서지고 망가져서
다시 돌아왔어요
무엇을 찾아온 것일까요
서울 가는 버스
저 낡은 유혹
다 잃고 다 빼앗겼어요

지금도 보기만 하면
몸 어딘가 욱신거리는
서울 가는 버스

저 상처의 푯말

4부

이제 그만

난처難處

길이 막히면 돌아가야겠지만
돌아가기만 하는 길은
결국 막힌 길

너의 외진 마음의 길은
한 번 갇히면 돌아 나올 수가
없네

피학처럼 준비되는 난처는
내 생의 처소
내 마음의 게토ghetto

과거에 발목이 붙잡힌 너는
나의 현재를 붙잡고 나는 다시
너의 과거를 붙드네

난처는 나의 낙원
그곳에 고여들면 나는
낮게 낮게 가라앉아

저 아래 아무 바람도 없고
추운지 더운지도 모르는
나만의 극지에 가닿네

거기는 수많은 어린 짐승들이
사지가 모두 잘린 채로
순하게 웃고 있네

막간

오수에 빠져 있는 짜이왈라를 깨워
주문한 짜이는
빨래 헹군 물 같은 빛깔의
달고도 진득한 액체

창밖에는 꾸부정한 노파가 지팡이를 짚고
절뚝이며 느리게 걸어가네
저렇게 길고 지루한 생을 살지 않은
내 어머니는
간암 판정 두 달 만에 에누리 없이
생을 마감한 강퍅한 노인네

강렬한 향훈과 극강의 감미로
끈덕진 두통
날려버리는 짜이처럼
나도 머뭇거림 없이 한 방에 가야지

목신의 오후에의 전주곡이 흘러나오는
이 순간

마취된 머릿속처럼
생의 고통은 점멸하는
전구 같은 것

짜이를 다 마시고 나면
여기 있지, 하고 돋아날
악성 두통
다시 만난 친구처럼 맞을
막간의 여유도 여기 있네

이렇게 한순간 사라졌다
다시 오는 것이 부질없는
초구草狗의 생이려니 생각하다
아무런 그리움도 남기지 않고
떠난 내 어머니의
누렇게 뜬 얼굴을
떠올리네

그녀의 인생 빨랫물 같은

빛깔의 액체,

쌉쌀하고 달콤하게
내 맘을 흔드네

울음

 할퀴어대는 물폭풍에 나무들은 머리채 뒤흔들고 있었네. 아예 온 숲이 무섭게 일렁이고 있었네. 꽁꽁 걸어 잠근 창문 답답해 잠시 열어보았네. 이때다 싶어 비바람 매섭게 밀어닥쳤네. 다시 문 닫으려는 찰나, 들었네. 저 숲을 가득 채우고 있는 왁자지껄한 소리들. 폭풍우가 뒤흔드는 숲속에서도 맹렬하게 울어 젖히고 있었네. 매미가 비도 이기고 바람도 이기고 흔들리는 나무도 이겼다 생각했네.

 하지만 아니었네. 저 울음은 고통이 아니네, 원망이 아니네, 탄식이 아니네. 애초부터 매미는 저 폭풍우와 한가지였던 것이네. 그러기에 사나운 비바람 맞서지 않고 스스로 폭풍우가 되어 울어댄 것이지. 저 울음은 운명에 자신을 맡긴 순하디순한 울음이었네.

늦은 저녁

지나쳤던 발걸음 되짚어
들어선 횟집

일주일 내내 앓다가
겨우 나와
회덮밥 안주 삼아
삼키는 소주 한 잔

내 늦은 저녁이 아니라면
하룻밤은 더 살았을
물고기의 생살

귓전에 들리는 익숙한 사투리
내가 영원한 타관 사람이자
외톨이임을 말해 주지만
혼술에는 더없이 좋은 배경음

집에 있는 동안 하루 종일
들리는 아파트 공사장 소음

견디다 못해 소리쳤네
시끄러워, 이 새끼들아

저 아파트를 짓기 위해
아름드리 소나무들이 무참히 베어질 때는
정작 한마디도 못 했는데
느긋이 소주나 마시며
죽은 물고기 생살 타령이라니

이제 집에 가면
백내장 와서 한 데다 오줌 싸는
열세 살 난 할머니 미호
구박 말고 살아야지
세상 힘없고 무죄한 것들
마음 깊이 품어야지

유독 살점이 물컹하게 씹히는
어느 횟집의 늦은 저녁

슬픔의 대가大家

본능적으로 다가간 곳에
무섭게 고여 있었다
잔잔한 호수처럼 아무렇지도
않게 먹물처럼 고여 있었다
흔한 파도도 없이 침묵이 사명인 것처럼
고여 있었다

차라리 거대한 묵 같았다
통으로 **영**영 그 자리에
응고된 채 엉겨 있었다
첫인상이었다

그 섬뜩함을 잊지 않고
오래오래 가슴 속에 담아 두었는데
진짜 슬픔의 대가를 알고서
그 먹물 같은 바다는
예고된 운명 같았다

평생을 떠나지 않고

그 자리에서 스스로 우뚝 선,
그깟 칠흑 어둠쯤이야 환한
소녀 같은 미소로 무질러 버리는
올리브 동산의 묘지기 그녀
거긴 차라리 누구도 시들지 않는
행성 같았다

내가 본 그 정물 같은 먹빛 바다를
태몽집으로 빚는 너의 숨결
짐짓 아무렇지 않은 듯
괜찮다 괜찮다 말하는
어둠의 대가가 너의 목소리로
나를 부른다

여긴 여름이야, 거긴 어때?*

---

*「안녕, 낯선 사람」(김희준, 2020)에서 인용.

이제 그만

슬픔이 더 이상 내 몫이 아니길
너무 오랫동안 보이지 않는 것을
보며 살았다

불면이 더 이상 내 외로움의
증거가 아니길
배앓이하던 숱한 밤의 그림자가
나를 짓눌렀다

슬픔과 분노와 눈물의 강을 건너
길고 긴 불면의 시간을 넘어
이제 그만
너를 그리워하지 않아도 좋을
고슬고슬 하이얀 밥 한 공기 앞에 두고
가혹하기만 했던 내 몸의
시간을 덥히고 싶다

생은 항시 내게 무례했으나
너 역시 나를 조련질하려

밤잠마저 설친다는 걸
내 이제 알아버렸으니

위로

후미진 술집에 와서 듣네
진짜 생을 사는 사람들의
진짜 얘기

내가 할게
죽기밖에 더하겠어
이해해야지
다 흘러간다
술김에 나오는 말들

저 뚝심 굵은 음성
계산도 생각도 없는 얘기

술김 사라지고
내일 아침 말간 해 뜨면
또 하루 한숨이겠지만
지금 이 캄캄한 밤
저 배포를 믿고 싶다

혼자 마시는 술잔
외롭지 않게
등허리 내리치는
저 배짱 좋은 음성
밑도 끝도 없는 용기

더 찰지게 욕해 주세요, 아저씨들
고맙습니다

위성

가야 할 데가 있는데
망설이다가

하고 싶은 것이 있는데
서슴대다가

미안해요
이제 그만 미워해요
말하고 싶어도

가야 할 데가 있어도
차마 하지 못한 말처럼
미안하고 미안해서
망설이다가

마음은
곤죽이 되고
진창이 되어

낙하지점이 움직여
계속 떨어지면서도 닿지 못하는
달처럼
난 당신 곁을 떠도는
차고 축축한 개흙 한 덩이

가도 가도 닿을 수 없는
칠흑 한 덩이

중력장

당신의 무게를 생각하니
이제 알겠네

인연의 침대 위에 올라온
당신의 움푹 팬 자리를
따라 도는 나를

그 휨이 만들어낸 곡률을 따라
천체가 운행하는 것처럼
내 마음속 나를 움직이는
당신의 무게, 당신의 휘어짐

사랑은 왜곡된
영혼의 시공간
그 움푹 팬 자리

중력이 힘이 아니라 휨이듯이
인연은 당김이 아니라 굽어듦임을
이제야 알겠네

뒤척이고 흔들려도
진득한 무게로 자리 잡은
당신이 있어
나는 당신을 계속 따라 도네

망각

비가 어디서 오는가
싹이 어디서 돋는가
몰랐다
비를 기다려 보기 전에는
무엇인가 심어보기 전에는

마트에 가면
말갛게 랩핑되어 있는 푸성귀들
공장에서 찍어낸 것인 양
어디서 왔는지 의식하지도
못한 것들

내가 어디서 와서 어디로 가는지
알지 못했던 것처럼
그 무심함이 그 무지가
부끄럽도록

그리운 것이 눈에 보이지 않듯
아픈 것이 만져지지 않듯

내 괴롬의 심연을 아무도 모르듯

하늘과 땅이 보내는
무한의 힘이
내리고 돋는 그 근원이
보이지 않는 심원한
높이와 깊이임을

간절한 것은 보이지 않는 데서 온다

하오 下午

너의 경멸이 나를 먹이고 입혔다
그게 이제껏 힘이 되었다면

기억하지 않으려 하지
못된 것만 이지러진 것만
기억하는 너의 오래된 습관

저주가 밥이 되고
수치가 포만이 되어
땡땡하게 부풀어 오른
화농의 한낮

썩는 줄도 모른 채
책상 위에 놓여 있던
부활절 달걀처럼
둥글게 타올라
맹렬하게 뿜어대는
화염의 포르테

야수처럼 쏟아지는 빛살에
숲의 속살이 보이듯
훤히 보이는
라르고의 심박

실패를 알고 맞잡은
무모한 언약
저버리지 않으려
버티고 버티다
마침내
고통마저 곤죽이 되는
물크러진 하오

봄

어수선한 먼지 같은 날들이었는데
어느새 다다랐다
절정이 아니어도 이렇게 끝은 온다

어영부영 어부지리의 가파른 고개들
뒤돌아보면 아래는 장관이어야 하는데
돌아볼 뒤 같은 것은 애초에 없었으니
그 뒤가 바로 낭떠러지였던 셈

나도 단 한 번이라도 이겨
마침내 배경을 가지고 싶다
뒤돌아볼 수 있는 최소한의 풍경

당신의 저주와 시험이
내 선 자리의 양식이었다면
처맞으면서도 쓰러지지 않는
이 어거지가 그럼
뒤란 말인가요

그림자 한 점 없는 쨍쨍한 대낮
꽃무덤 사이로
성난 황소 한 마리가
미친 듯이
내게 달려오고 있다

모래성

허물어질 것을 알아
그러면서도 쌓아올린 거야
언제까지나 견고한 건 없으니까

기초가 허술하다는 건
선택이 아니라
차라리 운명이지 않을까
누구든 굳고 단단한 곳에 자신을
쌓아올리고 싶을 테니

모래성은 말야
쌓아올리는 것 그것으로 존재하는 거야
거듭 거듭

비웃지 마
당신들이 사상누각이라고 말하는 것 말이야
매번 허물어지는 생도 있으니
그것도 가장 아끼는 것을
짓밟아버리지

무너진다는 건 무엇인가 쌓아올렸다는
근거 아니겠나

허물어진다는 건 아직 받아낼 수 있는
저주가 있다는 것 아니겠나

쌓아올린다는 건 밀려온 파도에 언제든
쓰러질 준비가 되어 있다는 뜻 아니겠나

진면목

고통이 직빵일 때 생의 은유가
얼마나 사치인 줄 알겠네
이건 먹구름 따위가 아니지
이건 폭풍우 따위가 아니지
연민이야 그것이 내 것이 아닐 때
가능한 것이라는 것을 배웠네

퇴근 무렵 차머리를 돌려
노을 속으로 향하고 싶었던 감상은,
불현듯 떠오르는 지난날의 악몽은,
차라리 부질없는 감정의 착란이었네

퇴근하면 곧바로 불타는 곳으로,
시간은 여백 없이 연속적인 재앙으로,
기억은 부조리하게 재현되는 데자뷰로,

고통이 실시간일 때 지난날의 지리멸렬이
간절한 평화였음을 가까스로 아네

5부

시소설

prayer

 가슴을 긁어내는 듯한 기침 소리 끝으로 끈적한 타액이 나무줄기에 절썩 달라붙습니다. 그는 서산 너머로 손톱만큼 남아 있는 햇빛을 받으며 담배를 피워 뭅니다. 겨울 해는 이미 짧아질 대로 짧아져 이제 곧 어둠이 내릴 겁니다. 저 언덕을 뒤덮은 올망졸망한 작은 집들 아래로, 이제부터 자기의 시간임을 알리려는 듯 LED전광판과 네온사인이 휘황하게 돌아가고 있습니다. 그는 다시 한 번 가래 끓는 기침을 하고는 한숨을 내쉽니다. 그러다가 다시 담배를 깊이 빨아들인 다음 길게 연기를 토해 냅니다. 붉은 기운이 감도는 서녘을 배경으로 마 씨의 담배 연기는 연무처럼 퍼져갑니다.

 그는 집으로 들어갈 시간을 이런 식으로 지연합니다. 일몰의 풍경을 바라보는 일은 숙연하고 평화롭습니다. 그러다 보면 저 하늘 끝에 가 있는 그리운 이의 얼굴이 떠오르고 눈동자는 노을만큼 붉어집니다. 캄캄한 새벽에 일어나 인력시장으로 나가는 그는 며칠 허탕을 쳤습니다. 인력 사무실 앞 인도를 가득 메운 수많은 사람 속에서 초로의 사내가 대접을 받을 수는 없습니다. 젊은이들과 건장한 외국인들이 승합차에 올라타고 현장으로 떠나가자 휑하게 날이 밝습니다. 남겨진 사람들은 돌 밑에 숨어 있던 벌레들처럼 서둘러 자리를 뜹니다. 거기서 낯을 익힌 몇몇의 사내들과 아침부터 해장국집에 스며들어 술추렴을 하다, 서로 언성을 높이다, 주먹다짐을 하다 그렇게 돌아왔던 겁니다.

마 씨는 언제나 그렇듯이 꽁초를 나무에 비벼 끕니다. 그가 불똥을 대는 줄기의 한 부분은 이미 검게 짓이겨져 있습니다. 움찔 놀란 가지가 소스라치자 바짝 마른 잎사귀들이 부스스 몸서리를 칩니다. 때마침 바람이 불어와 그는 아무것도 모릅니다. 나무가 통증을 느낀다는 것을 누구도 알지 못하는 것처럼 말입니다. 그는 다시 한 번 피가 점점이 섞인 가래침을 뱉고는 뒤돌아 발걸음을 옮깁니다. 저렇게 축 처진 어깨로, 이렇다 할 친구도 한 명 없이, 어디서 큰소리 한 번 치지도 못해 본 그에게, 나무는 아무도 모를 벗입니다. 몇 해 전, 간암에 걸린 아내가 변변한 치료도 받지 못하고 세상을 뜨자, 그에겐 지지고 볶고 다툴 이조차 없습니다. 게다가 작년엔……. 나무는 그의 허우룩한 뒷모습을 바라봅니다. 그렇게 바라봐 주는 것이 자신이 할 수 있는 가장 곡진한 위로인 듯이 말입니다.

그에게는 유치원에 다니는 손자가 있습니다. 막노동판을 전전하던 아들이 베트남 여인과 결혼해서 낳은 아이입니다. 어느 날 갑자기 까무스름한 피부의 이국 여인과 함께 집에 들어와 살게 된 것이 그들 결혼생활의 시작이었습니다. 며느리는 아들이 몸이 뻐근하면 가끔 들리곤 했다던 마사지숍의 관리사였습니다. 맞선 여행을 가서 수십 명을 선본 후 당일로 결혼식을 올리고 데리고 들어오는 그런 결혼이 아니었다는 것만으로도 다행이라고 생각합니다. 자기들이 좋아서 만났다고 하니까요. 며느리는 아직 소녀티를 벗지 못한 여릿여릿한 모습이었지만 소 눈처럼 큰 눈망울엔 올차고 도랑도랑한 기운이 스며 있었습니다. 박 뚜옛bạch tuyết이라는 며늘아기의 이름은 백설白雪이란 뜻입니다. 사철 따뜻한 나라에 사는 여인에게 왜 이런 이름을 붙여주었을까요. 애초에 그녀의 이름에는 흰 눈이 내리는 이국의 땅에서 살아가야 할 운명이 담겨 있었던 것일까요. 초로의 홀아비 마 씨, 스물아홉 살의 아들과 스무 살의 며느리, 그리고 네 살 난 손자. 가난이야 또다시 대물림되겠지만, 사람들이 달동네라고 부르는 재개발 지역에서나마 가족을 이루고 산다는 것은 참으로 기적 같았습니다.

나무도 달동네의 새벽잠을 깨우던 갓난아이의 울음소리를, 유모차를 타고 나무 그늘을 찾았던 여러 날들을, 아장아장 걸음을 떼며 까르르 터뜨리던 환한 웃음을 기억합니다. 아이가 한 발 한 발 내디딜 때마다 나무는 있는 힘을 다해 가지를 흔들어 아이의 걸음마를 응원했습니다. 나무도 무르고 연한 새잎을 수없이 피워냈기에 그것이 자라기 위해서는 햇빛과 비와 바람, 그리고 몇 줌의 시련이

필요하다는 것을 압니다. 엄마는 제발 피부색만큼은 자신의 이름처럼 하얗기를 바랐지만 아이는 그녀의 살빛을 닮았습니다. 어린이집에서도 아이들과 잘 어울리지 못하는 것이 엄마는 안타깝습니다. 이웃 나라에서 온 몇 명의 엄마들이 있지만 그 아이들과도 그저 무리를 이루고 있을 뿐, 여럿이 섞이지는 못합니다. 그만큼 아이는 엄마에게 집착합니다. 매일 아침마다 유치원에 가기 싫다고 떼쓰며 우는 아이 때문에 베트남어와 한국어를 섞어가며 아이를 달랩니다. 뜽 콕 누아Đừng khóc nữa, 울지 마, 뜽 콕 누아……. 엄마도 아이가 유치원에 간 사이 식당에 나가 일을 해야 하기 때문에 아이는 하루도 등원을 거를 수가 없습니다.

그녀의 남편은 아이가 태어나자 주로 나가던 건설·철거 현장의 잡부 일을 접고, 전철 선로작업 일을 새로 시작했습니다. 용역업체를 통해서 고용된 상태였지만 그 일은 새벽마다 인력시장에 나가지 않고도 고정적으로 할 수 있다는 장점이 있었습니다. 작업을 위해 역사驛舍로 출근하던 며칠은 제법 직장에 나가는 것 같은 느낌이 들기도 했습니다. 그에게 맡겨진 일은 선로 배수로에 덮개를 씌우는 비교적 단순한 작업이었습니다. 열차가 오는 것이 느껴지면 선로 밖으로 물러나곤 했지만, 팽팽한 공기를 찢으며 와락 밀고 들어오는 열차에는 매번 질겁할 수밖에 없었습니다.

그는 매일 집에 오지 않고 허름한 여관에서 인부들과 함께 잠을 자고 출근했습니다. 그러다가 일주일에 한 번씩 빨랫감을 들고 집을 찾았습니다. 그는 아이를 한두 번 안아주고는 곧바로 잠에 빠져들었고, 새벽녘 아내의 살을 파고들다 맥없이 허물어지곤 했습니다. 그러다 아이의 기척에 눈을 뜨면 그는 없고 그의 자리만 허물을 벗은 뱀 거죽처럼 쓸쓸했습니다. 아내는 그런 남편을 위로해 줄 겨를도 없었습니다. 그가 오면 새카매진 셔츠와 오줌으로 노랗게 절은 팬티를 빨아 서둘러 말리고 개키는 일이 제일 중요했습니다.

그는 선로에 들어가기 전에 작업 승인을 받아야 한다는 것도 몰랐습니다. 그저 자재를 운반하기 위해 열어놓은 간이 통로를 통해 드나들었을 뿐입니다. 그날도 여느 날처럼 선로에 들어가 작업구간을 확인하고 배수로 칸막이를 설치하기 시작했습니다. 개미가 먹이를 옮기듯 지루한 일이었지만 일일 작업량이 정해져 있어 한시도 쉴 틈이 없었습니다. 보온병에 담아 온 뜨거운 물로 컵라면을 먹고 다시 오후 작업을 시작할 무렵, 몸은 납덩이를 매단 듯 머줍기만 했습니다. 어기적거리며 겨우 한두 발걸음을 옮겨놓을 찰나, 그의 육신은 열차 쇠바퀴의 날카로운 파열음과 함께 산산이 부서져 버렸습니다. 무수한 쇄편으로 조각난 그에게서 생의 시간은 백설이 녹듯 순식간에 증발해 버렸습니다.

원청에서는 용역업체가 작업 승인을 받지 않았기에 사고가 발생한 것이고, 시공과 감리를 모두 외주에 맡겼기 때문에 자신들에게는 아무런 책임이 없다고 말했습니다. 언제나 논리는 논리를 위한 논리이고, 법은 법적 대상이 아닌 법 자체를 위해 존재하므로 여기서 그의 죽음은 또다시 휘발되어 버립니다. 열차 운행 중 선로 작업 중지라는 감독기관의 명령 또한 형식적인 조항일 뿐 일선에서는 지켜지지 않습니다. 언론에서는 선로 감시원조차 없었던 '1인 근무화'와 위험한 일을 하청에 떠넘기는 '죽음의 외주화'를 비판했지만 언제나처럼 그때뿐이었습니다. 노인을 위한 나라도 없겠지만, 비정규직을 위한 나라도 없습니다. 난데없이 빠져나온 그의 혼백은 갈기갈기 찢긴 자신의 육신이 얼마나 끔찍했을까요. 파랗게 질린 그의 영은 느티나무 동네를, 백설이라는 이름의 아내를, 이국 소년 같은 어린 아들을, 물려준 것이 있다면 오로지 가난뿐인 아비를, 떠올릴 수나 있었을까요.

마 씨가 집에 들어가자 이번엔 그의 며느리가 나무 곁으로 다가옵니다. 남편이 세상을 떠난 후 그녀는 늙은 시아버지를 대하기가 어렵습니다. 친정아버지처럼 생각하려고 해도 쉽지가 않습니다. 그것은 젊은 며느리를 대하는 마 씨도 마찬가집니다. 일주일에 한두 번 현장으로 나가 일당으로 벌어오는 십만 원 남짓한 벌이가 전부이고 보면, 살림살이의 대부분은 며느리가 식당 일로 버는 월

급으로 간신히 버티고 있습니다. 박 뚜옛의 손은 백설처럼 부스스 습진이 일어 있습니다. 고기 불판을 닦는 독한 세제 때문이지요. 초록빛의 세제 원액이 눈에 들어간다면 눈이 멀지도 모른다고 그녀는 생각했습니다. 설거지뿐만 아니라 홀서빙까지 하는 형편이라 몸은 젖은 솜뭉치처럼 늘어져 달동네 언덕길을 올라갈 힘도 없습니다.

그녀가 나무줄기에 몸을 기댑니다. 사람들은 이 나무를 느티나무라고 했고 아마도 수령이 이백 년은 더 된 것 같다고 말합니다. 보호수로 지정하자는 말이 있었지만, 달동네 정상에 있는 나무라는 이유로 제대로 된 관리도 받지 못하고 있습니다. 이 나무가 언제부터 이 자리에 있었는지는 아무도 모릅니다. 어느 노스님이 꽂은 지팡이가 뿌리를 내려 잎을 틔웠다는 식의 배경설화도 없습니다. 오랜 시간 나무는 누구도 거들떠보지 않았으나 언제나 그 자리에 있었습니다. 박 뚜옛은 조금만 더 있으면 자신의 이름처럼 백설이 내릴 거라고 생각해 봅니다. 자신의 나라에서는 한 번도 본 적이 없는 눈을 이렇게 해마다 보게 될 줄은 몰랐습니다. 초겨울의 밤공기는 매운 데가 있습니다. 갈라지고 튼 손이 더 시립니다.

이제 곧 아이가 유치원 통학버스를 타고 돌아올 겁니다. 종일반이지만 엄마의 퇴근 시간에 맞춰 한 시간 더 유치원에 남아 있었던 아이입니다. 아이에게 유치원 생활은 엄마에게 다시 가기 위해 오로지 견디는 시간일 뿐입니다.

한 시간이 두 시간처럼, 한나절이 하루처럼 느껴졌을 겁니다. 엄마는 아이에게 미안하기만 합니다. 그녀는 나무에 손을 대봅니다. 자신의 손처럼 거칠어진 나무줄기를 쓰다듬어 봅니다. 불에 그을린 것 같은 검은 자국에도 일일이 손을 대봅니다. 나무는 눈물이 날 것 같습니다. 자신의 물관이라도 터뜨려 그 마음을 알리고 싶습니다. 가지를 뻗어 그녀의 튼 손을 매만져주고 싶습니다. 나무에게도 타오르는 정념이 있다면 이백 년 풍파에 살아남은 한으로 그녀의 마음을 보듬고 싶습니다. 몸은 움직일 수 없고 눈물 흘릴 구멍 하나 없어, 이럴 때는 강풍에 뿌리째 쓰러진 나무처럼 그냥 고꾸라지고 싶습니다.

저기 노란 가로등불 아래로 아이의 모습이 보입니다. 느티나무 주위에도 불이 밝혀져 있어 아이도 엄마를 발견합니다. 언제나처럼 할아버지가 엄마가 가 있는 곳을 말해 준 듯합니다. 엄마는 아이에게 걸어가지 않고 아이가 엄마에게 다가오기를 기다립니다. 그런 아이에게 나무는 가지를 흔들어 사락사락 나뭇잎들의 박수를 보냅니다. 아이가 마침내 엄마의 품에 들어와 폭 안깁니다. 아이의 얼굴에는 비로소 안도의 미소가 번집니다. 엄마도 떨어져 나간 팔 한쪽이 다시 붙은 듯 오래 오래 아이를 안습니다.

세상의 시련은 모두에게 같지 않습니다. 누군가에겐 견디기 힘들 만큼 가혹한 일이 또 누군가에겐 아무것도 아닙니다. 식물에게도 운명은 같지 않습니다. 옥토든 박토든 아니 화분이든 실험실이든 어디에 뿌리를 내릴지는 아무도 모릅니다. 다 자란 소나무도 큰 트럭에 실려 여기저기로 팔려 나가는 세상인데 말입니다. 운 좋게도 느티나무는 도시의 언덕 꼭대기에 자리를 잡았습니다. 그 덕에 오래오래 살았고 사람들은 그 그늘에 깃들었습니다. 줄기는 굵어졌고 가지는 귀신처럼 마구 뻗어 수많은 새의 보금자리가 돼 주었습니다. 봄에 피어난 연둣빛 잎사귀들을 무럭무럭 키워 여름에는 그야말로 거대한 우주처럼 부풀어 오릅니다. 사람들은 그 아래서 굵은 땀을 닦았고 수고로운 마음을 내려놓았습니다. 가을에는 적갈색으로 물든 수천의 잎사귀로 이우는 것들의 장엄함을, 겨울에는 잔가지마다 백설을 곱게 올려 순백의 눈꽃을 선사했습니다.

나무는 바라보는 일밖에 할 줄 아는 것이 없습니다. 소리 내어 울 수도 없고 때마침 불어오는 바람이 아니라면 가지조차 흔들 수 없지요. 하지만 그 어딘가 숨어 있는 마음 같은 것은 언제나 당신들을 위한 간절한 기도였습니다. 당신들이 나무를 찾아와 뜨거운 불로 지질 때마다, 깊은 한숨을 내쉴 때마다, 붉은 노을을 바라볼 때마다, 그리운 이를 부를 때마다, 누군가를 기다릴 때마다 나무는 늘 당신의 기도를 들어주었습니다. 이천 년 전 이 땅에 내려왔던 그처럼 느티나무는 혼신으로 탈리다 쿰, 탈리다 쿰을 전했습니다.

저기 이 달동네의 말썽꾸러기 정환이가 오고 있군요. 그 아이는 초등학교 동창인 인근 여고에 다니는 여학생과 첫사랑에 빠졌습니다. 캄캄한 밤이면 느티나무 뒤에 숨어 뻐끔거리던 담배도 끊은 눈칩니다. 여자친구의 명령이었나 봅니다. 아, 또 저기 천 씨네 집 옥탑방에 세 들어 사는 미스 오가 오는군요. 오늘은 기분이 좋은가 봅니다. 귀에 이어폰을 꽂고 흥얼흥얼 걸그룹의 노래를 따라 부르고 있군요. 오 선생이라고 부르면 얼마나 좋아. 미용학원 강사도 선생이라고. 촌스럽게 미스 오가 뭐야, 하던 퉁명스러운 목소리도 나무는 다 알고 있습니다. 아, 그녀를 사랑하는 저기 시인 양반도 오고 있군요. 그는 이 달동네에 처음으로 커피 전문점을 낸 사람입니다. 그 카페 이름도 좋지요. café 느티나무라나요? 그 시인은 카페에 자주 오는 미스 오, 아니 오 선생을 좋아합니다. 이 둘 사이도 나무는 지켜볼 예정입니다.

아마도 오늘 밤엔 첫눈이 내릴 것 같다고 나무는 생각합니다. 나무가 이백 살쯤 되면 날씨 정도야 스치는 바람결에 안다고 할까요. 땅에 내린 눈은 금방 녹을지 몰라도 나뭇가지마다 흰 눈을 수놓아 백설의 여인 박 뚜옛에게 보여줄 겁니다. 나무는 그들 부부가 눈 쌓인 골목길에서 눈싸움을 하며 함박웃음을 터트리던 어느 겨울의 풍경을 잊지 않고 있습니다. 그것을 떠올릴 그녀도 가지마다 쌓인 백설이 캄캄한 우주로 날아간 남편이 보낸 선물인 양 또다시 눈물지을 겁니다. 그러면 나무는 눈을 포르르 털어내어 그녀의 눈물을 그치게 하겠지요. 아, 그리고 그녀의 시아버지 마 씨에게도 전해주세요. 나는 당신의 영원한 벗이자 튼튼한 재떨이라고요.

해설

검기만 한 어둠 같은 것이

임지훈

문학평론가

  우리의 주변이 늘 사람으로 붐빈다 하여도, 언젠가 홀로인 순간은 찾아온다. 겉으로 보기엔 행복한 일상을 영위하는 누군가도 내면에서는 깊은 고독이 무너짐을 경험하게 만든다. 현대 사회에서 고독은 피할 수 없는 부산물이다. 무수히 내뿜어지는 담배 연기에 짙은 한숨이 섞여 있고, 한 잔 들이킨 소주에 외마디 한탄이 덧붙여지는 건 도시의 섭리다. 대의가 천박한 농담이 되고, 생존이 지상과제가 된 세계 속에서, 우리는 모두 각자도생이라는 네 글자에 사로잡혀 서로를 마주칠 수조차 없게 된 포로들인지도 모른다.

산업화를 거쳐 신자유주의의 거센 물살에 온 세상이 휘말렸을 때부터, 우리는 모두 혼자된 삶을 살아가도록 운명 지어졌다. 그걸 감당할 수 있느냐 없느냐는 개인이 결정할 수 없는 문제이기에 우리는 그저 몰아치는 폭풍의 속도로 떠내려가고 있을 뿐이다. 그렇게 우리는 자유라는 미명 아래 무한한 속도를 손에 넣었지만, 그 대가로 모두가 경쟁이라는 야만 속에 내던져진 것이다. 편리함을 손에 넣은 대가로 연대를 잃어버리고, 기술적 지성을 얻은 대가로 연대의 지혜를 잃어버린 사람들, 지금 우리가 살아가는 도시란 그런 이들의 집합체에 불과하다. 문명이라는 이름의 허울을 둘러쓴 야만의 또 다른 모습으로.

김겸의 시집 『바로 그 어둠의 심연이었네』는 그렇게 대의가 천박한 농담이 되고, 생존이 지상과제가 되어버린 우리의 삶을 비추고 있다. 화자 또한 시대에 사로잡힌 개인이기에 이 시집에도 그 짙은 한숨과 단말마의 한탄이 깊게 자리 잡고 있다. 시집의 제목처럼, 그의 작품들은 화자의 내면에 자리 잡고 있는 도시인의 깊은 어둠을 향해 언어를 지렛대 삼아 나아간다. 그 속에는 개개인의 트라우마적인 과거와 생존을 위한 고단한 삶, 파편화되어버린 '우리'의 모습이 아로새겨져 있다. 가령 「무슨 소용이겠어요」에서는 생존을 위한 연속된 고투 속에서 삶의 비루함을 온몸으로 느끼고 있는 우리의 슬픈 자화상이 화자로 등장해 다음과 같이 말하고 있다.

남루에 대해 생각합니다
내 누추를 보일 수 없으니
다만 철없어 보이나요

세상은 어딜 가도 수렁이더이다
잊으려 할 뿐, 보지 않으려 할 뿐
저 멀리, 아니 가까이
병마와 싸우는 피붙이 있는데
지금 내가 살아 있다는 건
무슨 기적인가요
생각해 보면 나는 벌써
사라졌어야 할 비루한 자입니다

무슨 소용이겠어요
지붕에 빗방울들이
요란하게 떨어집니다

아무도 그리워하지 않을랍니다
고통이 전해질까 두렵습니까
신마저 두렵지요
자기애 속에서 자기를 뜯어먹고 사는
아둔한 늙은 소년
자라지 못했어요
성숙한 남자의 장르가 되지 못했어요

무슨 소용이겠어요
징징거림, 중얼거림, 머뭇거림
뒤에 밀린 숙제처럼
기억이나 더듬는 나는야
추억팔이

소멸에 대해 생각합니다
내 곤곤함에 대해 말할 수 없으니
다만 잘 사는 것처럼 보이나요

아무도 없는 이 새벽
지붕에 떨어지는 빗방울들이 고함을 칩니다
시간이 아까워 잠을 털어냅니다
쓰러지지 않으려 안간힘 씁니다
─「무슨 소용이겠어요」 전문

    위의 시에서 시인은 겉으로 보기엔 일상을 영위하고 있지만 실제로는 해소되지 않는 질문에 시달리는 위태로운 개인을 화자로 하여 어떤 소용에 대해 묻고 답하고 있다. 더불어 화자는 "내 곤곤함에 대해 말할 수 없으니/ 다만 잘 사는 것처럼 보이나요"라고 묻고 있지만, 그 물음은 딱히 대답을 기대하고 던져지는 것은 아닌 것처럼 보인다. 그것은 시의 첫 행에서 나타나듯 "남루에 대해 생각"하고 있는 '나'는 그 대답을 이미 알고 있기 때문일 것이다. 겉으로 보기에는 아무런 문제가 없어 보이더라도, 그 내면은 생존을 위한 기나긴 사투로 허물어질 대로 허물어진 상태인 것이다. 화자는 그 기나긴 사투의 시간을 "세상은 어딜 가도 수렁이더이다"라고 말하며, 생존을 위한 사투가 끝없이 벌어지는 문명이란 이름의 야만 속에는 그 어느 곳도 온전한 쉼터가 될 수 없음을 내비치고 있다.

그렇기에 화자 또한 우리와 마찬가지로 자신의 과거, 그 기억 속에서 잠시나마 마음 놓고 쉴 수 있는 공간을 찾아 헤맨다. 그러나 그것은 온전한 위로가 되지 못한 "추억팔이"에 불과하며, 화자는 그 속에서도 자신을 온전히 놓아두지 못한다. 그러한 감정의 급격한 전환은 화자 또한 회고적 태도로는 자신이 감당해야 하는 생의 고단함과 허물어짐을 수습할 수 없음을, 잠시의 통각적 마비에 그치고 말 것임을 알고 있기 때문인지도 모른다. 대답이 될 수 없는, 그럼에도 내뱉어진 질문과 무의미한 답변들. 어쩌면 이러한 무의미해보이는 문답들은 화자를 둘러싼 삶의 고통이 그 어떤 행위로도 온전히 치유될 수 없는 성격의 것임을 보여주고 있는지도 모른다. 그 속에서 화자는 "소멸"에 대해 물으며, 자신의 위태로움을 드러냄과 동시에 그럼에도 "쓰러지지 않으려 안간힘" 쓰는 모습을 함께 조망하며, 시는 마무리되고 있다.

이처럼 김겸의 시집에서 나타나는 문명 속의 '개인'은 어디에서도 안식을 취하지 못한 채, 생존을 위한 고투에

내몰려 끝없는 고뇌와 지난한 고통에 시달리면서도 쓰러지지 않으려 안간힘 쓰는 모습으로 존재하고 있다. 생존이 유일한 지상과제가 되고, 모든 가치가 과거가 되어버린 시대에서 문명 속의 인간은 오직 그러한 양태로써만 존재할 수 있다는 듯이. 「근기根氣」라는 시편에서는 이처럼 지난한 생존의 나날을 다음과 같이 표현하고 있다.

> 내 의지를 시험한다는 건
> 갈 때까지 가 보는 게 아니라
> 내 수치를 피학의 운명과 맞바꾸는 일
> 너도 벗으라는 요구에
> 알몸으로 기타를 치는
>
> 그의 비극은
> 당신의 외면을 알면서도
> 알몸을 내미는
> 내 오욕과 맞닿아 있는 것을
> ―「근기根氣」 부분

화자는 문명 속에서, 특히나 자본주의적 생산관계 속에 놓인 개인이 살아가는 길은 "수치를 피학의 운명과 맞바꾸는"것이라 말한다. 물론 여기에서 그 피학의 운명을 자신의 것으로 기꺼이 받아들인다는 최소한의 자유가 남아 있지만, 이 남루하고 비참한 삶의 양태 앞에 그러한 자유는 스스로의 가치를 너무나도 쉽게 잃어버리고 만다. 비록 생존을 위해 자신의 수치를 기꺼이 감내한다 할지라도, 그 끝에 남겨지는 것은 또 다른 오욕도 기꺼이 받아들이라는 문명의 요구일 것이며 이 길은 끝없이 반복될 것이기 때문이다. 그것은 문명 속에서 생을 이어가기 위한, 생존만이 지상과제가 되어버린 세태의 말로이다.

이러한 생존의 고통에 대해, 시인은 화자의 말을 빌려 「일 인분의 고독」이라 이야기한다. 그 시에서 화자는 "사적인 모든 것은 머리와 성기만이 알고 있는/ 내 일 인분의 고독"이라 말하며, 이러한 생이 "나와 내가 싸우며 뒹구는/ 가족도 모르는 나의 깊고 캄캄한" 고투라 표현한다. 명심해야 할 것은 이것이 시집에 나타나는 시적 화자의 특수한 감수성의 발로가 아닌, 여타의 시편들에서 표현되고 있듯 현대 사회를 살아가는 보편 다수가 경험하는 일상이라는 것이다. 그러한 의미에서 화자가 시도하는 말하기란 자신을 드러내기 위한 말하기이면서 동시에 존재 일반의 삶의 양태를 비추기 위한 언어적 시도라고 할 수 있을 것이다.

한편으로 인간 존재가 생존을 위한 끝없는 사투로 내던져진 도시적 공간에 대해, 화자는 「스카이트리」라는 시에서 다음과 같이 묘사하고 있다. 그런데 이 시에는 한 가지 특기할 점이 있는데, 그것은 지난 1980~1990년대의 도시시가 응당 그러했듯 삶의 공간으로서의 도시를 물리적 실체를 지닌 흉포한 대상으로 묘사하는 것이 아니라는 점이다. 오히려 아래 시에서 화자는 도시라는 공간 그 자체가 그 안에 놓인 존재들의 고독과 우울, 욕망과 절망을 모두 한 몸에 받아내고 있는 또 다른 슬픔의 양태인 것처럼 묘사하고 있어 흥미를 끈다.

높은 나무와는 다르지
우람하지 않고 불안하게
고고하지 않고 외롭게
굳세지 않고 허약하게

높이 선 키만큼의
팔을 내밀고
있는 저 외진 철탑

부려놓은 것들이 쌓일수록
작아지는 너

긴 연휴에 너는
우뚝 멈춰
내내 벌받듯 허공을 향해
총신을 겨누듯 서 있었지

가없는 하늘
등에 드리운

너의 한 시절

너의 몸체도 땅의 것
네가 나르는 쇠와 돌가루들도
모두 땅의 것

쌓고 세워 올리는 인간의 욕망이
너를 몰아세우는구나

네게로 연장된

높이에의 강요

네 팔에 매달린 천 근의
균형추처럼 불안하게 흔들리는
지상의 물생들
―「스카이트리」 전문

"스카이트리"는 단순한 전파탑이나 관광 명소를 넘어, 도시 문명의 첨탑이자 인간 욕망의 수직성을 표현한 하나의 서사적 구조물이라 할 수 있다. 그렇기에 실재하는 건축물로서의 스카이트리는 인간의 끊임없는 사유와 역동성, 발전을 향한 지향, 그와 동시에 높아질수록 도드라지는 특성으로 인해 도시를 살아가는 인간의 고독을 물리적으로 환원시킨 실체처럼 보이기도 한다. 위의 시에서도

"스카이트리"는 마찬가지의 모습으로 비춰지는데, 화자는 인간 발전의 첨탑인 스카이트리를 향해 "부려놓은 것들이 쌓일수록/ 작아지는 너"라며 그 양면적인 모습을 한데 비추고 있다. 화자의 눈에 그 첨탑은 "우람하지 않고 불안하게/ 고고하지 않고 외롭게/ 굳세지 않고 허약하게" 비춰지며, 한낱 건축물에 불과한 대상을 인격적 실체로서 묘사하고 있다.

그러한 의미에서 화자의 눈에 비친 "스카이트리"는 생존을 위해 수직적으로 나아갈 수밖에 없는 현대 사회의 개인들의 양태를 모두 한 데 합쳐놓은 상징적 실체라고 할 수 있을 것이다. 그렇기에 화자는 그 우람하고 고고하며 굳센 건축물을 향해 작고 불안하며 외롭고 허약한 일면을 함께 읽어낼 수 있는 것이리라. 생각해보자면 인간 문명에서 높은 건축물의 운명이란 고난하기 짝이 없는 것이지 않은가. 발전을 상징하듯 끝없이 올라가던 그 어떤 빌딩도 오래도록 지속되지는 못했으며, 역사적으로도 바벨탑이나 마천루, 혹은 구룡성채와 같은 건축물에 이르기까지 그 형상은 결국 높고 단단할수록 위태롭게 읽히는 인간 문명의 상징이 되곤 했다. 그러한 의미에서 저 높은 건축물이란 인간의 오만을 상징하는 것이면서, 그렇게라도 스스로의 고독과 슬픔을 견디려 한 안간힘의 상징이라고도 할 수 있을 것이다.

아마도 이와 같은 화자이기에 그는 자신이 처한 삶의

양태 속에 놓인 어둠을 깊이 응시하면서도 거기에 매몰되지 않는 것일지도 모른다. 「모래성」에서는 이 아스라하고도 위태로운 삶의 양태를 새롭게 바라보고자 시도하는 모습이 포착되는데, 이는 자신의 시선을 좀 더 확장시킴으로써 현대 사회를 살아가는 인간의 삶의 양태를 또 다른 방식으로 바라보고 긍정하고자 시도하는 것으로 읽힐 가능성을 갖고 있다.

> 허물어질 것을 알아
> 그러면서도 쌓아올린 거야
> 언제까지나 견고한 건 없으니까
>
> 기초가 허술하다는 건
> 선택이 아니라
> 차라리 운명이지 않을까
> 누구든 굳고 단단한 곳에 자신을
> 쌓아올리고 싶을 테니
>
> 모래성은 말야
> 쌓아올리는 것 그것으로 존재하는 거야
> 거듭 거듭
>
> 비웃지 마
> 당신들이 사상누각이라고 말하는 것 말이야
> 매번 허물어지는 생도 있으니

그것도 가장 아끼는 것을
짓밟아버리지

무너진다는 건 무엇인가 쌓아올렸다는
근거 아니겠나

허물어진다는 건 아직 받아낼 수 있는
저주가 있다는 것 아니겠나

쌓아올린다는 건 밀려온 파도에 언제든
쓰러질 준비가 되어 있다는 뜻 아니겠나
―「모래성」 전문

"허물어질 것을 알아"라는 대답으로부터 시작되는 이 시에서, 인간 존재의 모습은 그 운명을 알고 있음에도 행위하는 존재로 비춰진다. 그것은 한편으로 인간의 필연적인 유한성을 직시하는 것이면서 동시에 '그럼에도 불구하고' 살아가는 일이 갖는 최소한의 존엄성 또한 밝히고 있다. 화자의 말마따나 "언제까지나 견고한 건" 없는 법이므로, 인간의 생이 모여 쌓아올린 고고하고 고독한 삶의 양태란 생을 위한 사투들이 모이고 모여 만들어진 존재의 양태 가운데 하나인 셈이다. 그렇기에 화자에게 있어 '허물어짐'과 '무너짐'이란 단순히 어떤 붕괴나 종결을 의미하는 것이 아니라 "무너진다는 건 무엇인가 쌓아올렸다는/ 근거"로 다시 읽힐 수 있는 것이리라. 무너지는 존재의 양태를 단순히 부정하는 일은 생의 고단함과 그 속에 놓인 희로애락의 일체의 감정을 부질없는 것 혹은 형벌과 같은 것으로 만들고 말기에 화자는 역설적으로 그 위태로운 삶의 양태를 모두 긍정함으로써 일견 무의미해 보이는 생으로부터 한줄기의 의미를 도출해내고 있는 것이다.

 이러한 긍정은 문명 자체가 잘못되었다는 단순 부정의 반대가 아니다. 단순 부정이었다면 인간의 그 위태로운 삶을 찬양하는 인간 찬가에 가까운 형태였을 것이다. 오히려 여기에서 시도되는 긍정은, 그러한 위태로움과 잘못 모두를 인지하면서 앞으로 나아간다는 점에서 한결 복잡한 것이기도 하다. 이는 그 속에 배태된 어둠과 잘못들을 부정하는 것이 아니라 그조차 끌어안음으로써 '쓰러짐'의 순간까지도 받아들일 준비를 나타내고 있기 때문이다. 이러한 관점에서라면 한 존재의 쓰러짐도, 혹은 인간 문명이 어떤 쇠락을 경험하는 것도 모두 인간이라는 유한한 존재에 따른 필연적인 삶의 노선일 따름이지 어떤 실수나 죄에 대한 형벌은 아닌 셈이다. 예컨대 이것은 인간이라는 존재를 다각적으로 바라봄으로써 단순 긍정이나 부정이라는 극단에 휘말리지 않으면서 스스로의 생에 불가해한 의의를 불어넣는 자발적인 구원의 언어라 할 만하다.

 그러한 화자이기에 인간 존재의 깊은 어둠 속에서조차 한 줄기 다른 빛을 발견하는 일을 해내고 있는 것이리라 생각된다. 이 발견은 아이러니하게도 시집의 마지막이 아닌 처음에서부터 시집 전체를 비추고 있었으니, 그것은 바로 「기원」이라는 작품이다. 이 작품에서 화자는 인간의 존재가 지닌 어둠이 동시에 인간의 삶을 계속 이끌어 나가는 것임을 밝히며 그 속에도 무수한 색채가 존재함을 밝히고 있다.

저 초록이 어디서 왔나 했더니
캄캄한 땅속에서 온 것이라

저 힘세고 억센 아이가 어디서 왔나 했더니
수십억만 년 핏줄을 타고 온 것이라

저 초록이 스스로를 틔운 것이 아니듯
저 새파란 아이도 내가 지은 것이 아니리

세상의 모든 것은 어디로부터 와서
어디론가 떠나가는데

그걸 알면 저 초록은 초록이 아닌 듯하고
난 내가 아닌 것 같은데

모든 것은 다리와 같은 것이어서
저쪽의 것이기도 이쪽의 것이기도 하네

저 초록이 어디서 왔나 했더니
캄캄한 땅의 부름으로
어제를 오늘로 오늘을 내일로
잇는 푸른 정령이네

그러니 저렇게 크게 부풀고 꺼지며
온몸으로 숨 쉬는 것이리

내가 저 힘세고 억센 것을 껴안고
어제와 내일 사이에 버티고 있듯이
―「기원」 전문

이 시에서도 화자는 존재의 내면에 자리 잡고 있는 깊은 어둠을 응시하는 것에서부터 이야기를 시작한다. 그러나 여기에서 화자는 단지 그 어둠을 바라보며 이에 매몰되는 것이 아니라 그것을 다시 헤아리고 셈함으로써 그 속에 잠들어 있던 또 다른 빛을 발견한다. 시에서 반복되는 '초록'이라는 시어가 그것인데, 여기에서 화자는 그 '초록'의 빛을 지구의 수십억 년 역사를 통해 이어져온, 모든 살아 있는 존재가 공유하고 있는 생의 의지와 같은 것으로 되풀이하고 있다. 그것은 지구의 모든 존재가 공유하고 있는 어둠, 그 어둠 속에 지울 수 없이 남아 있는 한 줄기의 빛이다. 화자는 그것은 "어제를 오늘로 오늘을 내일로/ 잇는 푸른 정령이네"라고 말하며, 그 속에서 발생

하는 지난한 고투가 무의미한 것이 아니라 말하고 있다.

여기에서 독특한 것은 역시 이 '초록'이 다른 시인들과 같이 나무나 풀, 들꽃과 같은 자연물로부터 길어 올려진 것이 아니라는 점이겠다. 이 '초록'은 오히려 현대 사회에서 살아가는 인간 존재의 내면에 깃든 짙은 어둠과 동색에 가까워 보이는데, 이는 화자가 말하고자 하는 존재 일반의 생의 의지로서의 '초록'이란 단지 약동하는 자연의 생명력을 가리키는 것이 아니라 인간 존재의 내면에 깃든 깊은 어둠을 오래도록 응시한 결과로써 얻어진 특수한 성질의 것임을 의미한다. 생의 지난한 고투가 만든 내면의 어둠이란 단지 우리가 '악함'을 의미하는 것이 아니라 '그럼에도 불구하고' 살아남고자 반복해온 속에서 축적된 것이므로, 이 또한 생의 의지의 또 다른 일면인 것이다. 그것은 살아 있는 모든 존재가 가진 것으로서 자연과 문명이 유일하게 공유할 수 있는 공통된 의지라 할 수 있을 것이다. 그렇기에 화자는 이 '초록'에 대한 이야기 속에서 "모든 것은 다리와 같은 것이어서/ 저쪽의 것이기도 이쪽의 것이기도 하네"라는 말로 교통을 시도하고 있는 것이리라 생각된다.

이처럼 김겸의 시집은 문명 속의 인간 존재가 가진 짙은 어둠을 깊이 응시하면서, 여기에 매몰되지 않고 자신의 시선을 거듭 확장시킴으로써 그 짙은 어둠을 생의 의지의 다른 일면으로 되풀이하고 다시 셈하고 있다. 삶의 지난한 고투 속에서 손쉬운 절망 대신 그것을 다시 셈하고 헤아리는 선택을 한 것이고, 이 시집은 그 어려운 선택 끝에 맺혀진 시적 결론이라 할 수 있을 것이다. 그렇기에 이 시집은 '그러니 당신도 살아라'라는 속류 감상주의적인 메시지를 강압적으로 전달하는 것이 아니라 이 모든 슬픔과 고통, 살아남기 위한 지난한 사투가 결코 헛되고 무의미한 것만은 아니라는 결론에 도달하고 있는 것이리라. 그러한 의미에서 이 시집에 담긴 시인의 작품들은 인간의 짙은 어둠 속에서 한 줄기 빛이 우리를 미래로 거듭 이끌어가고 있음을 증명하는 일이면서 동시에 그 빛의 밝음을 언어를 빌려 현전할 수 있게 만드는 증언과도 같다고 말하고 싶다. 왜냐하면 이 빛은 어둠을 오래도록 응시한 자만이 발견할 수 있는 것이면서, 통증을 수반한 아스라한 형태로만 존재할 수 있는 희망과도 같은 것이기 때문이다. 이 시를 읽는 독자들도 그 짙은 어둠의 통각 너머에 존재하는 아스라한 빛으로부터, 김겸이라는 시인의 진정성을 읽어낼 수 있길 희망해본다. 그 어둠을 향한 시인의 따스한 응시가 오래도록 지속되며 무수한 색채로 피어나기를 바란다. 끝

달아실시선 95

바로 그 어둠의 심연이었네

1판 1쇄 발행	2025년 8월 22일
지은이	김겸
발행인	윤미소
발행처	(주)달아실출판사
책임편집	박제영
기획위원	박정대, 이홍섭, 전윤호
편집위원	김선순, 이나래
디자인	전부다
법률자문	김용진, 이종진
주소	강원도 춘천시 춘천로 257, 2층
전화	033-241-7661
팩스	033-241-7662
이메일	dalasilmoongo@naver.com
출판등록	2016년 12월 30일 제494호

ⓒ 김겸, 2025
ISBN 979-11-7207-064-9 03810

이 책의 일부 또는 전부를 재사용하려면 반드시 저작권자와 (주)달아실출판사 양측의 동의를 얻어야 합니다.

* 잘못된 책은 구입한 곳에서 바꿔드립니다.
* 책값은 뒤표지에 표시되어 있습니다.